Die magische Kraft der Karten

Rhea Koch

Die magische Kraft der Karten

Bassermann

Der Text dieses Buches entspricht den Regeln der neuen deutschen Rechtschreibung.

ISBN 3 8094 1767 X

Umschlaggestaltung: Soldan Advertising, München
Projektleitung: Carina Janßen
Redaktion: Susanne Janschitz, München/Vera Baschlakow
Zeichnungen: Uwe Kaupenjohann

Druck: Alföldi, Debrecen

Printed in Hungary

605740199X817 2635 4453 6271

Inhalt

Die magische Kraft der Karten

Dieses Buch hilft Ihnen, durch den Blick in die Zukunft Ihr persönliches Erfolgsgeheimnis zu erkennen und Ihre eigene Erfolgsvision zu verwirklichen.

Nichts auf der Welt wurde erschaffen ohne Plan, und diesem Plan geht eine Idee, eine Vision voraus. Lassen Sie sich Ihren Zukunftstraum mit Unterstützung Ihres höheren Selbsts durch die Karten sichtbar machen.

Ob es um die Liebe geht, um Erfolg und Reichtum, um Gesundheit und Wohlergehen: Wir sind die Schöpfer unserer Gedanken und durch unsere Gedankenkraft auch die Schöpfer unseres eigenen Lebenswegs. Wir warten oftmals auf den richtigen Zeitpunkt, um unser Leben zum Guten zu wenden – der richtige Zeitpunkt ist aber bereits gekommen, er ist jetzt!

Der römische Kaiser Mark Aurel hat gesagt: „Was dir auch widerfahren mag, es war dir von Ewigkeit her bestimmt, die Verkettung von Ursachen hat von Anfang an dein Dasein und dieses dein Geschick miteinander verknüpft, Bejahung des Schicksals, das einen jeden an den ihm vorbestimmten Platz stellt."

Nun ist es nur so, das wir unseren Platz schwer erkennen. Die Fäden zu unserem Anfang und somit zu den Ursachen haben wir verloren, sie sind in unserem Unterbewusstsein versunken. Füllen Sie Ihren Platz aus mit Ihren wiedergefundenen Kräften, lernen Sie, Ihr Geschick zu meistern, die Karten zeigen Ihnen den Weg.

Meine eigenen Erfahrungen und meine langjährigen Erfahrungen mit meinen Klienten haben mich veranlasst, dieses neue Buch zu schreiben. Daraus ist ein Arbeitsbuch entstanden, das Ihnen gute Dienste leisten kann – und außerdem hat es magische Kräfte!

Eine neue Zeit hat begonnen und neue, reife Menschen werden dem Wesen der Dinge auf den Grund gehen und das geistige Erbe unserer Vorfahren mit den Erkenntnissen des beginnenden einundzwanzigsten Jahrhunderts zu verbinden wissen. Jedoch selbst das hoffnungsvollste Kartenbild nimmt uns nicht die Arbeit mit uns selbst ab und die guten Gelegenheiten ziehen wie Wolken an uns vorbei, wenn wir nicht lernen, sie zu erkennen und zu ergreifen.

Den Anspruch, Ihnen etwas wirklich Neues zu sagen, hat meine Kartendeutung nicht. Es sind ewige Wahrheiten, die Ihnen sicher in der ein oder anderen Form schon begegnet sind. Neu ist aber, dass Sie mit den nur für Sie bestimmten und selbst gewählten Karten auf einfache Weise Ihren Schicksalsweg erkennen können und damit einen Mechanismus in Gang setzen, der zwingend zum Erfolg führt.

Meine Arbeit hat mit der Zukunft zu tun, mit dem beginnenden Wassermann-Zeitalter, dem Informationszeitalter, somit können Computerspiele auch ernsterer Art von großem Gewinn sein. Nicht zu vergessen ist der menschliche Spieltrieb, der uns hoffentlich erhalten bleibt. Deshalb ist dieses Buch auch als Datei auf einer Diskette erhältlich. Zu beziehen ist es derzeit nur direkt über mich: Rhea Koch, Lichtenbergstr. 87, 64289 Darmstadt, Tel. 0 61 51/7 93 12.

Viel Erfolg und den großen Durchbruch in all Ihren Angelegenheiten wünscht Ihnen

Ihre Rhea Koch

Anleitung

Das Mischen

Verwenden Sie ein Skatkartenspiel mit 32 Karten. Jedesmal, wenn Sie die Karten mischen, wird eine besondere Energie freigesetzt, die Sie befähigt, für kurze Zeit den Einblick in Ihre zukünftigen Möglichkeiten zu erhalten.

Ein ruhiger Ort und vor allem ein ruhiges Herz sind wichtige Voraussetzungen. Wenn Sie unruhig oder zu aufgeregt sind, sollten Sie die Befragung der Karten lieber verschieben. Lassen Sie alle Wünsche und ängstlichen Gedanken los, mischen Sie und stellen Sie dabei Ihre Frage. Mit welcher Technik Sie die Karten mischen, ist nicht von Bedeutung, aber mischen Sie nicht zu lange, damit Ihre Konzentration sich nicht zerstreut, sondern bei Ihrer Frage bleibt.

Die Befragung

Legen Sie, bevor Sie die Karten ziehen, einen von Ihnen bestimmten Zeitpunkt fest, zu dem Ihre Fragen den erwünschten Erfolg zeigen sollen. Wenn Sie eine Schicksalsfrage stellen, und es erscheint eine Antwort, die vordergründig nicht zu Ihrem Thema passt, so ist das ein Hinweis, dass zuerst noch andere Aufgaben erfüllt werden müssen.

Bringen Sie Ihren Verstand einmal für kurze Zeit zum Schweigen. Ihr Schutzengel und Ihr höheres Selbst warten nur darauf, Ihnen zu zeigen, wo und wie sich Ihr Zukunftstraum erfüllen kann. Lassen Sie sich von ihnen leiten, wenn Sie eine oder mehrere Karten aus dem Stapel ziehen.

Vergessen Sie nicht, dass Sie in erster Linie Wege gezeigt bekommen, und zwar Ihre Wege, die Sie mit Kraft und Ausdauer beschreiten sollen, um Ihre Zukunftsvision zu verwirklichen. Darum ist die Befragung der Karten auch keine „Zukunftsdeutung“, sondern das Finden einer Wahrheit, die bereits seit ihrer Geburt vorhanden ist.

Sie brauchen sich beim Auslegen der Karten nicht nach einem bestimmten System zu richten, ich stelle Ihnen aber im Folgenden drei einfache Methoden vor, die sich sehr gut bewährt haben. Wichtig ist dabei nur, den Text der Karten eingehend zu lesen und ihn im Herzen und in der Seele zu bewegen. Ihr Inneres führt Sie schon auf die richtige Spur. Wenn Sie merken, dass größere Ängste in Ihnen hochsteigen oder gar ein Panikgefühl entsteht, sollten Sie keine weiteren Karten ziehen. Verschieben Sie die Sitzung auf einen späteren

Zeitpunkt, denn dann liegt eine momentane Überfragung vor, und die Karten können Ihnen im Augenblick nichts mehr verraten. Auch wenn Ihre Frage bereits eindeutig beantwortet ist, ist es ratsam, aufzuhören. Das heilige Orakel von Delphi hat bei Überfragung den Suchenden genarrt, indem es falsche Antworten gab.

Legesysteme

Die Siebenerreihe

Die Zahl sieben verbindet Erdengeschehen mit kosmischer Weisheit.

Wenn keine besonders detaillierten Fragen vorliegen, werden am besten sieben Karten gezogen und offen ausgelegt. Bei der Anordnung können Sie sich danach richten, wie viel Platz Ihnen zur Verfügung steht. Es gibt da keine Vorschriften.

Lassen Sie den Deutungstext auf sich einwirken. Eine oder zwei Karten werden für Sie Vorrang haben, vielleicht sind aber auch alle gleich wichtig für Sie.

Sie können weiterhin entweder alle oder die, die Sie besonders interessieren oder Ihnen viel sagen, mit Deckkarten mehrfach befragen, um so den richtigen Weg zu finden und zu einer eindeutigen Interpretation zu kommen. Dazu legen Sie auf die entsprechenden Karten der Siebenerreihe einfach eine oder mehrere weitere vom Stapel, ohne ihn neu zu mischen.

Im Gegensatz zu meinem Buch „Wahrsagen mit Karten“, in dem ich mit einem umfangreichen Auslagesystem arbeite, sind hier keine Regeln und Beschränkungen nötig. Sooft Sie mit sich und Ihrem Unterbewusstsein Kontakt aufnehmen wollen, können Sie nach Belieben mit den Karten arbeiten.

Die Tageskarte

Eine andere Möglichkeit ist es, täglich morgens eine Tageskarte zu ziehen. Das Thema der Karte wird Sie den ganzen Tag über begleiten und am Abend können Sie Bilanz machen, indem Sie erneut eine, oder, wenn es sich ergibt, mehrere Karten ziehen.

Die Antwortkarte bei einer speziellen Frage

Sie stellen Ihre Frage, wobei es sich bewährt hat, bei der Formulierung einen festgelegten Zeitpunkt oder Zeitraum zu berücksichtigen. Die erste Karte, die Sie aufdecken und die bereits auf Ihre Frage antwortet, können Sie nun noch mit beliebig vielen weiteren Karten wie bei der Siebenerreihe mit der Deckkartenmethode weiter befragen.

Die Deckkarten geben Auskunft über die näheren Umstände einer Fragesituation.

Ich möchte noch einmal betonen: Sie können zwischen diesen Methoden frei wählen und natürlich auch mit eigenen Legesystemen arbeiten. Nur eine Überbefragung der Karten sollten Sie vermeiden.

Deutungsbeispiele

Deutungsbeispiel einer Siebenerreihe ohne spezielle Frage

Frau Helene S., 43 Jahre, fragt: „Was kommt ganz allgemein in den nächsten 6 Monaten auf mich zu?“ Sie zieht die folgenden sieben Karten:

Pik-Acht: Sie wird eine Nachricht erhalten, eine Begegnung kommt zustande. Vermutlich wird sie eine kleine Reise machen oder Besuch bekommen.

Karo-Ass: Es sieht nach Reichtum und Erfolg aus.

Herz-König: Der Erfolg wird mit Sicherheit ein Herzenserfolg sein.

Herz-Ass: Frau S. sollte Platz machen in ihrem inneren und im äußeren Haus. Diese Begegnung könnte eine Lebensbindung bedeuten.

Pik-Ass: Hier kommen rechtliche Dinge ins Spiel, die mit Deckkarten genauer befragt werden sollten.

Pik-Zehn: Eine örtliche Veränderung steht an.

Pik-Neun: Sorge ohne Grund, also: keine Panik! Wir werden mit Deckkarten die näheren Umstände erfragen.

Erste Fortsetzungsfrage

Was bedeutet die rechtliche Angelegenheit? Auf Pik-Ass legt sie Karo-Sieben: berufliche Stabilität, neue bessere Verträge, Sicherheit, maßvolles Wachstum.

Zweite Fortsetzungsfrage

Gibt es eine örtliche Veränderung? Auf Pik-Zehn legt sie Herz-Acht: eine örtliche Veränderung freudiger Art, vielleicht eine größere Urlaubsreise oder ein Umzug in ein Traumhaus für zwei.

Dritte Fortsetzungsfrage

Frau S. bittet um eine nähere Auskunft über Herz-König. Auf Herz-König legt sie Herz-Neun: Innige Zuneigung wird sich einstellen, und ihr Partner ist bereits auf dem Weg zu ihr.

Weitere Fortsetzungsfrage auf Herz-König

Was ist er für ein Mensch? Es kommt die Karo-Zehn: Wohlstand und Glücklichsein gehören zusammen, dieser Mann hat einen guten Beruf und verdient viel Geld.

Deutungsbeispiel mit Tageskarten

Dieter L., 28 Jahre, zieht ohne Frage morgens eine Tageskarte, und zwar die Karo-Acht.

Überraschenden Erfolg verspricht diese Karte.
Nicht die gleichen Fehler machen, warnt die Karte.

Noch kann er nicht viel damit anfangen, aber er ist in freudiger und gespannter Erwartung.

Der Tag beginnt wie immer, geprägt von Routinearbeit und Müdigkeit. Dann kommt jedoch ein seltener Kunde. Dieter arbeitet als Angestellter in einem Konstruktionsbüro. Unverhofft bietet der Kunde ihm eine Stelle als freier Mitarbeiter an.

Dieter L. hat den vollständigen Text von Karo-Acht gelesen, und gleich kommt zur Freude auch die Angst. Schon einmal hat er nicht den Mut gehabt, sich beruflich zu verändern. Diesen Fehler möchte er nicht noch einmal machen, er will sich aber auch nicht überstürzt entscheiden. Er bittet um Zeit bis zum nächsten Tag. Der Kunde hat es zwar eilig, aber er will warten.

Am Abend zieht er mit Herzklopfen die zweite Karte: Herz-Acht.

Die einzige Karte, deren Antwort ein klares Ja bedeutet. Sag ja zu dir selbst.

Jetzt ist es wie bei jeder Befragung wichtig, den ganzen Text von Herz-Acht aufmerksam zu lesen. Das Schicksal hält für Herrn L. eine große Freude bereit.

Natürlich kann man nach dem Ziehen der zwei Tageskarten mit einem anderen System noch nach näheren Einzelheiten fragen.

Deutungsbeispiel mit nicht festgelegter Kartenzahl

Anne K. fragt nach den Ursachen für ihre Ehekrise. Sie ist seit vier Jahren verheiratet und hat keine Kinder. Aus den gemischten Karten zieht sie Herz-König und Herz-Dame, also die Schicksalspartnerschaft. Frau K. ist überrascht.

Als Nächstes kommt Kreuz-Zehn: Unzufriedenheit, Konflikte, Unausgesprochenes, Auseinandersetzungen, die nicht den Kern berühren.

Dann zieht sie die Herz-Zehn, die große Liebeskarte, das bedeutet, diese Ehe ist eine Lebensbindung.

Was sind nun die störenden Einflüsse? Dazu muss Kreuz-Zehn näher befragt werden. Auf Kreuz-Zehn kommt Herz-Sieben: Beide Partner haben das Wunder der Liebe in ihrer Beziehung nicht erkannt. Durch Eifersucht oder die Suche nach Bestätigung durch andere Partner ist diese Ehe in Gefahr.

Die nächste Karte in Verbindung mit Kreuz-Zehn ist Karo-Neun: Durch eine fruchtbare Auseinandersetzung werden beide Partner ihr Gleichgewicht wiederfinden und durch Vertrauen in diese im Grunde wirklich gute und innige Beziehung werden sie sie nicht leichtsinnig zerstören.

Deutungsbeispiel:
Was bringt uns das 21. Jahrhundert?

Schon im ersten Jahrzehnt werden weltweit Bemühungen unternommen, Recht und Gerechtigkeit für alle Menschen zu gewährleisten (Pik-Ass und Pik-Zehn).

Verbindungen und Allianzen werden eingegangen, die jedoch oft mit Streit und vielleicht sogar mit Krieg verbunden sind (Pik-König und Kreuz-Zehn).

Die emotionalen und nationalen Bindungen an Heimat und Volk (Kreuz-Dame) müssen neu überdacht werden. Unsere Mutter Erde kennt keine Nationen. Die Sorge mit Grund (Kreuz-Neun) um den Erhalt der Erde wird in den Vordergrund treten.

Eine neue Generation, die überwiegend den so genannten weiblichen Werten anhängt, wird mit Herz und Verstand (Pik-Dame und Herz-Dame) progressive Ideen zur Erneuerung der globalen ökonomischen und politischen Strukturen durchsetzen.

Ohne Umkehr und Abwendung von falschen Ideen (Kreuz-Bube) wird dieser Weg nicht zu gehen sein. Aber ein Helfer und Heiler geistiger Art (Karo-Neun) wird die Menschen beflügeln und ihnen den Weg in eine Gemeinschaft zeigen, in der Geben und Nehmen selbstverständlich und ausgeglichen sind.

Ein alter Mann wird mit Tränen gehen müssen (Kreuz-König und Kreuz-Sieben). Damit ist keine bestimmte Person gemeint, sondern es ist die Herrscherfigur, der Tyrann, der in diesem Jahrhundert ausgedient hat.

Die nicht erfüllte Liebe (Herz-Sieben) lebt im Herzen aller Menschen, und alle sehnen sich nach Frieden, Freiheit, Lebensfreude und Lebensfülle. Doch Kreuz-Acht zeigt keinen leichten Weg, denn der Mensch ist chronisch krank geworden, und zwar vor allem an seiner Seele. Aber auch diese Krankheit ist heilbar, mit Geduld und der alles umfassenden Liebe, die auch unsere Feinde einbezieht. Das „Böse“ ist schließlich nur das noch unentwickelte Gute.

Als letzte Karte habe ich Herz-König gezogen. Seine Sonne und der Mond der Herz-Dame werden sich geistig vereinigen. Ein anderes Licht, ein neuer Stern geht im Bewusstsein der Menschheit auf, und er bringt Hoffnung für ein Leben in Liebe und Frieden.

Allgemein:	*Herz, Haus, Familie*
Liebe:	*Glück im Haus, Ehe*
Beruf:	*Zufriedenheit, Sicherheit*
Problemlösung:	*Ballast abwerfen, Ordnung schaffen*

Deutungstexte zu den einzelnen Karten

Herz-Ass

Es geht um dein inneres und um dein äußeres Haus.

Schau einmal nach innen, begib dich in dein Reich. Ist dein inneres Zuhause so angelegt und geordnet, dass du dich wohl fühlst?

Wer wohnt in deinem Herz? Hast du viele Zimmer und werden sie alle auch genutzt?

Wenn du feststellst, dass du etwas verändern willst, dann schaffe dir eine Vision. Lass dich von deinen Träumen inspirieren und konzentriere dich darauf, auf welche Art und Weise sie Wirklichkeit werden können.

Große Veränderungen nehmen ihren Anfang im Inneren, aber du kannst sie auch durch Maßnahmen in deinem äußeren Bereich unterstützen.

Schaffe Platz für Neues. Was nicht mehr gebraucht wird oder nicht mehr funktioniert, ist nur Ballast! Danke für die Dienste, die die Sachen dir erwiesen haben, und gib sie ab. Das Universum hält alle Möglichkeiten für dich bereit, mit denen du deinen Traum verwirklichen kannst, ohne dein Herz an Dinge zu hängen.

Dein „Lebenscomputer“ ist immer aufnahmebereit für neue Programme. Außerdem kannst du auch bestehende Programmierungen und Einstellungen verändern: Oft genügt schon eine Kleinigkeit, um eine Sache aus einer neuen Perspektive betrachten zu können.

Bei einer anstehenden Entscheidung werden dir die Karten weiterhelfen.

Wenn dein Wollen, deine Kraft und dein Mut vorhanden sind, so wird die Flamme deines Herzens brennen und du erschaffst für dich Bedingungen, die dich sehr schnell zu deinem Ziel führen werden.

„In jeder Absicht und in jedem Wunsch liegen der Same und der Mechanismus zu ihrer Erfüllung.“ Dieser Satz von Deepak Chopra war für mich der Schlüssel zum Erfolg meines inneren und äußeren Hauses.

Allgemein:	*Partnerschaft, Lebensbindung*
Liebe:	*Schicksalspartner*
Beruf:	*Lebensaufgabe*
Problemlösung:	*Selbsterkenntnis durch Partnerschaft*

Herz-König und Herz-Dame

Wenn du eine dieser Karten gezogen hast, zeigt das immer die Sehnsucht nach einer Vereinigung an.

Der urmenschliche Drang, der Einsamkeit zu entfliehen, führt uns zwingend zur Liebe.

Wir suchen all das im Partner, was in uns selbst – und sei es auch nur der Anlage nach – vorhanden ist. Der Mann liebt das Weibliche, das auch in ihm schlummert, und ebenso liebt die Frau das Männliche.

Im Grunde lieben wir im anderen uns selbst, und wenn wir in Liebesdingen Schwierigkeiten haben, so liegt es an unserem verborgenen Selbst: Das macht es so schwer und kompliziert, sie zu erkennen und zu durchschauen.

Am Anfang unseres Lebens war es die Mutter, die uns Liebe und Nahrung gab, und unser Leben war von ihr abhängig. Keine Liebe bedeutete Hunger und Tod. Eine erwachsene Liebe darf jedoch nicht mehr von Abhängigkeiten bestimmt werden.

In Freiheit Liebe verströmen und annehmen können, das ist das Ziel. Der Weg dorthin besteht aus dem Lernprozess, sich im Spiegelbild des Partners selbst zu erkennen. Deshalb ist es in jedem Augenblick der richtige Partner, mit dem wir leben oder dem wir gerade begegnen, weil wir durch jeden etwas über uns selbst erfahren können.

Der andere lebt das aus, was in unserem Unterbewusstsein vorhanden ist, nur dass es uns zunächst verborgen ist und wir es oft nicht erkennen.

Herz-Dame und Herz-König fordern dich nicht nur dazu auf, deine Gegengeschlechtlichkeit kennen zu lernen, sondern auch dazu, den Teil deiner Seele zu erkennen, der sich als Spiegelbild im Partner zeigt.

Wenn du dich veränderst, ändert sich dein ganzes Umfeld, und zuerst spürst du es in der Partnerschaft.

Das Andere, das Fremde, das uns oft unverständlich ist und Schmerzen bereitet, ist auch das Ureigene in uns selbst.

Der schmale Erkenntnispfad führt dich, sofern du ihn zu gehen bereit bist, zum Verstehen und zu notwendigen Veränderungen in dir. Dann bist du bereit und hast auch die Kraft, das Mysterium der Liebe zu erkennen.

Wenn du die gegengeschlechtliche Karte (als Frau: den Herz-König, als Mann: die Herz-Dame) gezogen hast, wird es dir nicht schwer fallen, mit deinem Schicksalspartner in harmonischer Beziehung zu leben.

Die gleichgeschlechtliche Karte dagegen sagt dir, dass du noch viel mit dir selbst arbeiten solltest.

Allgemein: *Herzensfreude, Mut*
Liebe: *Glück und Zufriedenheit*
Beruf: *Neue Wege suchen*
Problemlösung: *Den Kindertraum verwirklichen*

Herz-Bube

Wenn wir um die Vielschichtigkeit unserer eigenen Person wissen, steht Herz-Bube nicht nur für eigene Kinder, sondern auch für unser inneres Kind mit all seinen Hoffnungen und Wünschen.

Wir haben alle in einem gewissen Alter einmal eine Vorstellung gehabt, wie unser Leben aussehen sollte. Ich selbst wollte unbedingt Seemann werden, angeregt durch ein Buch von Graf Luckner, das ich als Kind las.

Versuche dich zu erinnern, frage dein inneres Kind nach seinen Wunschträumen. Mache dir ein Bild, wie dein Leben wohl geworden wäre, wenn du sie verwirklicht hättest? Es sind die Bilder, die Gefühle, die Kräfte, aber auch die Ängste und Unsicherheiten, die tief in uns schlummern und die jetzt nach oben kommen. Unsere Kinderwünsche haben Symbolcharakter.

Ich bin aber zwar doch kein Seemann geworden, aber für mich, die ich eher eine Landratte bin und nicht einmal gerne reise, ist schließlich der innere Ozean zur großen Freiheit geworden.

Deine Wunschvorstellung, die du in sehr jungen Jahren fest in dir verankert hattest, kann dir jetzt, auf deinen Wegen als Erwachsener, eine große Hilfe sein. Denn die Kraft deiner Wünsche ist noch vorhanden, oft jedoch auch die Angst, und die gilt es nun zu überwinden.

Wenn du das Geheimnis deines Kindertraumes entschlüsselt hast, hast du das Material, um deine Sehnsucht nach Freude und Glück zu verwirklichen.

In Liebe und Beruf, ja sogar für deine Gesundheit wird es große und positive Auswirkungen haben.

Der Herz-Bube ist das Symbol für Freude und Glück. Trau dich, und freue dich! Nun kann es dir kein Erwachsener mehr verbieten.

Allgemein:	*Kraft, Freude, Lust*
Liebe:	*Sexualität, Nähe*
Beruf:	*Tatkraft und Ausdauer*
Problemlösung:	*Entspannung und Hingabe*

Herz-Zehn

Diese Karte ist die höchste Liebeskarte, ihr Schwerpunkt liegt auf der Sexualität.

Die Liebe ist ein Naturgesetz und wird vom Menschen in der Vereinigung in all seiner Herrlichkeit erlebt. Im Höhepunkt des Liebesaktes erfährst du für Sekunden ein Stück vom Paradies.

Die Sexualität ist ein magisches und wunderbares Geschenk vom großen Geist der Erde und ein Auftrag zugleich.

Ohne die Sehnsucht nach Vereinigung würden die Menschen achtlos aneinander vorbei gehen.

Eine andere Form der Fortpflanzung, die nach neuester Forschung möglich ist, wäre für die Menschheit der absolute seelische Tod.

Aber der große Geist wird es nicht zulassen. Er ist es, der die Liebe in unser Herz gepflanzt hat, denn er ist der Gott der Liebe.

Die Herz-Zehn will dir sagen, dass dir eine große Liebe begegnet ist, oder dass dieses Ereignis kurz bevorsteht.

Sei offen und freue dich und versuche nichts festzuhalten, denn Liebe braucht Freiheit um zu wachsen.

Unsere Sexualität ist zugleich das Mittel und das Versprechen, aus der Isolation des Ichs herauszugehen und dem Du zu begegnen, das begrenzte Ich zu überwinden, und zu wissen: Das verlorene Paradies ist vorhanden und erreichbar.

Wenn der Zauber der Vereinigung auch eure Seelen berührt, sind alle Voraussetzungen für eine Lebensbindung gegeben.

Allgemein:	*Vollendung*
Liebe:	*Karmische Verbindung, Seelenpartner*
Beruf:	*Erfüllung*
Problemlösung:	*Herz und Seele öffnen*

Herz-Neun

Die Herz-Neun ist die große Seelenkarte im Spiel. Innige Zuneigung wird dir entgegengebracht.

In Verbindung mit der Herz-Zehn steht sie für eine karmische Beziehung, die ihrer Vollendung entgegengeht.

In vielen früheren Leben hattest du mit dieser anderen Seele schon mehr oder weniger innigen Kontakt.

Sei behutsam mit dieser Liebe und versuche alle äußeren und inneren Gefährdungen abzuwenden.

Nicht in jedem deiner Leben hast du die Chance, dieser Seele zu begegnen. Aber am Ende der Erdentage werdet ihr, durch viele Inkarnationen gereift, zusammen in ein neues Äon eintreten.

Erst wenn unsere Seelen sich auf einer neuen Inkarnation der Erde befinden, kann die Liebe in ihrer Vollendung gelebt werden.

Jedes deiner Leben ist ein Lernprozess. Solltest du diese Seele gefunden haben, so kann es dennoch sein, dass dieses Leben nicht immer leicht ist; aber die große Verbundenheit, die Ihr beide fühlt, und die innige Zuneigung sollten euch die Kraft geben, für eure und an eurer Liebe zu arbeiten.

In unserem Erdendasein werden wir je nach dem Grad unserer Entwicklung auch vielen anderen Partnern begegnen und oft sogar mit ihnen in einer harmonischen Beziehung leben.

Auch das ist wichtig und nötig, denn die Liebe hat viele Aspekte und Variationen. Wenn du eine fremde Sprache erlernst, musst du auch Vokabeln üben, um mit dem anderen reden und ihn verstehen zu können.

Solltest du noch auf der Suche nach deinem Seelenpartner sein, so sagt dir die Herz-Neun: Mache deine Augen und dein Herz auf, vielleicht ist er schon auf dem Weg zu dir.

Allgemein:	*Sicherheit, Erfolg versprechend*
Liebe:	*Innige Zuneigung, große Freude*
Beruf:	*Aufstieg, Belohnung*
Problemlösung:	*Mit Selbstvertrauen neue Türen öffnen*

Herz-Acht

Du hast vielleicht eine Frage gestellt, die nur mit Ja oder Nein zu beantworten ist.

Die Herz-Acht ist die einzige Karte, die deine Frage mit Ja beantwortet.

Deine Lage ist sehr erfolgversprechend, man kommt dir entgegen.

Aber zuerst wirst du dir selbst noch die folgenden Fragen beantworten müssen:

Will ich es auch aus ganzem Herzen?

Bin ich bereit, einiges aufzugeben, wie Gewohnheiten oder Dinge, die mir lieb geworden sind? Vielleicht auch meine Geborgenheit und meine vermeintliche Sicherheit?

Wenn du diese Fragen ehrlich vor dir selbst mit Ja beantworten kannst, dann hält das Schicksal eine große Freude für dich bereit. Es ist deine Entscheidung, und deine allein. Menschen werden auf dich zukommen, deine Arbeit wird geschätzt und belohnt.

Bestehende Verbindungen können gefestigt und neu belebt werden, aber auch neue Herzensbindungen können entstehen.

Erfülle dein Bewusstsein mit Herzensfreude und wundere dich nicht, wenn du vielleicht von fremden Menschen angesprochen wirst.

Baue dir keine selbst gemachten Hindernisse auf, denn dies ist eine gute Zeit, die auch genutzt werden will.

Allgemein:	*Unerfüllte Liebe*
Liebe:	*Sehnsucht, Leben in einer Traumwelt*
Beruf:	*Veränderungen, Erschließung neuer Perspektiven*
Problemlösung:	*Mut, Entschlossenheit*

Herz-Sieben

Herz-Sieben besagt, dass deine Liebe nicht erfüllt ist.

Es kann sein, dass du nicht den Mut hast, es der betreffenden Person zu sagen, du hast vielleicht Angst vor einer Zurückweisung.

Fülle dein Herz und deine Gedanken mit Zuversicht und bringe deine Zuneigung zum Ausdruck. Sage ihr oder ihm, wie wichtig sie/er dir ist und wie viel sie/er dir bedeutet. Unsere Worte haben große Macht.

Wenn die oder der Andere gebunden ist (denn Herz-Sieben bedeutet auch heimliche Liebe), so sieht es nicht gut für dich aus.

In den seltensten Fällen wird sie oder er sich für dich freimachen. Wenn aber doch, bist du vielleicht nur ein Sprungbrett. Sonst bist du immer die oder der Dritte im Bunde, eben die heimliche Liebe.

Segen wird diese Verbindung nicht erfahren, denn mit einem Einbruch in eine bestehende Partnerschaft machst du dich immer schuldig.

Dein Verhalten fällt früher oder später wie ein Bumerang wieder auf dich zurück.

Es gibt noch eine weitere Form der unerfüllten Liebe, nämlich dass du dich nicht binden willst, ohne dass dir das bewusst ist.

Dein Unterbewusstsein sucht sich einen nicht erreichbaren Partner, mit ihm lebst du, glücklich-unglücklich, in einer nicht realisierbaren Illusion.

Forsche einmal tief in deinem Inneren nach, ob das auf dich zutrifft, denn die Jahre gehen in so einer Situation manchmal sehr schnell dahin, und wenn du innerlich nicht frei bist, bleiben dir in der ganzen Zeit andere wunderbare Wege mit realen Begegnungen verschlossen.

Wach auf, sagt Herz-Sieben, öffne dich der realen Welt, denn Wunder warten dort auf dich.

Allgemein: *Großer Erfolg*
Liebe: *Beständige Partnerschaft, Wohlstand und Glück*
Beruf: *Anerkennung und Aufgaben, Gewinn und Erfolg*
Problemlösung: *Beharrlichkeit, Ziele setzen*

Karo-Ass

Mit dieser Karte stehen dir alle Wege offen, Karo-Ass ist die höchste Gewinnkarte. Das kann ein Geldgewinn sein, oft ist es auch eine Erbschaft oder du hast Glück im Spiel.

Aber es muss nicht immer Geld bedeuten, sondern auch Anerkennung und Erfolg, zum Beispiel im künstlerischen Bereich, oder die Chance, einen verantwortungsvollen Posten zu übernehmen, sind möglich.

Es sind immer größere Veränderungen damit verbunden, auch sich selbstständig zu machen wäre mit großem Erfolg verbunden. Du stehst am Beginn eines großartigen Unternehmens.

Wenn du dein Ziel noch nicht erreicht hast, kannst du die wunderbare Kraft deiner Vision freisetzen, indem du dir von deinem Ziel eine möglichst genaue schriftliche und bildliche Vorstellung erschaffst – je konkreter, desto besser.

Der Erfolg ist dir sicher, wenn du beharrlich bleibst, denn Trägheit und Selbstzweifel können die erfolgversprechende Zeit an dir vorübergehen lassen, und dann musst du erst einmal wieder auf eine neue Lebenschance warten.

Auf der seelischen und geistigen Ebene kann Karo-Ass ein Hinweis darauf sein, dass dir eine großartige Erfahrung in der Meditation oder beim Gebet bevorsteht. Deine Seele wird in den magnetischen Strom der Liebe geführt. Sei dankbar, denn diese Erfahrung wird auch in deinem Alltag Wunder bewirken.

Allgemein: *Helfer, Heiler, Lehrer*
Liebe: *Einfühlungsvermögen, Hilfsbereitschaft, Weisheit*
Beruf: *Therapeutische und soziale Bereiche*
Problemlösung: *Hilfe annehmen, Hilfe geben*

Karo-König

Ein Freund wird dir begegnen, ein Helfer, vielleicht ein Heiler oder ein Lehrer. Oder du bist es selbst, und du wirst dazu berufen, an andere etwas weiterzugeben.

„Ich weiß, dass ich nichts weiß“, dieser Satz gehört zu den Erfolgsgeheimnissen, die dich auf den richtigen Weg bringen. Nur wenn uns bewusst wird, wie wenig wir wissen, können wir die richtigen Fragen stellen.

Auch wenn du der Lehrer bist, solltest du immer offen für eine Erfahrung als Schüler sein. Das wahre Wissen kann in dich hineinfließen durch deine Offenheit und die Leere, die du erschaffen kannst, indem du Vorurteilen, erstarrten Denkmustern und übernommenen Meinungen in dir keinen Raum mehr gibst.

Dein Lehrer kann dir entweder als Person begegnen, oder du findest das richtige Buch für deine Fragen. Aber es kann auch ein Schüler von dir sein, der dir die richtige Antwort gibt.

Wir sollten das Wissen immer miteinander teilen, aus alten und neuen Schriften Weisheit aufnehmen und in einem alchimistischen Prozess mit dem Wissen unserer Seele verbinden.

Karo-König führt dich zu Begegnungen mit Menschen oder Büchern, die deine ganze Aufmerksamkeit erfordern.

Mit der Essenz dieser Erfahrung wird sich deine Zukunftsvision mit Sicherheit erfüllen.

Bleibe im Herzen und in der Seele bescheiden, aber fest in der Absicht, dein Ziel zu erreichen.

Allgemein:	*Güte, Wohlwollen*
Liebe:	*Herzensfreundschaft*
Beruf:	*Du wirst hoch geachtet*
Problemlösung:	*Vergebung, Dankbarkeit*

Karo-Dame

Ganz allgemein gesprochen ist Karo-Dame eine Wohltäterin.

Im Wortsinn steckt die Tat, die zu deinem Wohl geschieht. Du kannst dieser Frau uneingeschränkt vertrauen, sie ist eine Helferin für innere und äußere Angelegenheiten.

Nicht selten steht die Karo-Dame für den Beginn einer seelenvollen, von Güte und Verstehen getragenen Freundschaft.

Als Teil deiner inneren Persönlichkeit will sie dich lehren, deinen Mitmenschen mit Achtung und Mitgefühl zu begegnen.

Wenn du den Menschen grundsätzlich mit Güte und Wohlwollen begegnest, wird auch der Übelste keinen Ansatz finden, wie er dir schaden könnte.

Diese Karte hat auch mit Vergebung zu tun: Mit der Achtsamkeit des Herzens darfst du den anderen nicht verurteilen. Versuche, ihn und seine Handlungen aus seiner Sicht zu verstehen. Segne ihn und gib ihn in Gedanken frei. Du kannst sicher sein, dieser Mensch wird dir nicht mehr schaden können. Vielleicht verschwindet er sogar ganz aus deinem Leben. Du kannst mir glauben, ich habe es bei mir und bei anderen mit Erstaunen erlebt.

Karo-Dame bringt dir Harmonie, Reichtum und Fülle. Empfange diese Gaben mit Freude und Dankbarkeit, und gib einen Teil davon an andere Menschen weiter.

Allgemein:	*Schutzengel*
Liebe:	*Zusammengeführt werden*
Beruf:	*Die richtige Wahl treffen*
Problemlösung:	*Gebet, auf die innere Stimme vertrauen*

Karo-Bube

Diese Karte bedeutet Gutes und ein Geschenk. Doch wo kommen diese Gaben her?

Sehr bald habe ich in meinen Beratungsgesprächen erkannt, das ist der Schutzengel.

Der Schutzengel gehört der niedersten Hierarchie der Engelwesen an, dem Reich der Angeloi, die nächsthöher stehende Wesenheit über dem Menschen.

Zu diesen Wesenheiten haben wir einen direkten Kontakt. Das Wunderbare ist, jeder Mensch hat seinen eigenen Engel, er begleitet uns während unseres ganzen Erdendaseins.

Seine Fürsorge, die uns das ganze Leben begleitet, dient auch seinem Wohl, unsere Entwicklung ist auch seine Entwicklung.

Da er unser Leben aus einer höheren Sicht sehen kann, ist er immer bestrebt, uns zu unserem Besten zu führen.

Viele Menschen spüren diese Kraft, handeln aber trotzdem dagegen. Doch im Notfall greift er in unser Schicksal ein, aber nur wenn möglich ist, es im Einklang mit den Gesetzen des Universums zu tun.

Wenn du in Alltagsnöten bist, wenn es um Entscheidungen geht, wenn du Wege suchst, sein geistiges Ohr ist immer offen und sein Rat ist der Bestmögliche für dich. Aber rufen musst du ihn, und dich einstimmen auf die leisen Töne, dann wirst du auf den rechten Weg geführt.

Alle deine Wünsche, deine Sehnsucht nach Liebe und Glück und nach Erfolg und Reichtum, fasse sie in einem Gebet zusammen und bitte deinen Schutzengel um Unterstützung. Frage ihn auch nach seinem Namen.

Dein Engel ist deine direkte Verbindung zu Gott, dem großen Geist der Erde, der nur dein Bestes will, doch immer im Einklang mit dem Wohle aller. Im Gebet zu Gott wird eine geistige Energie, eine bestimmte Schwingung freigesetzt, und eine ungeheure Kraft kommt in Bewegung.

Die göttliche Ordnung bestimmt die Bedingungen, die nötig sind, in deinen Angelegenheiten Wunder zu vollbringen.

Wenn du am Morgen aufwachst, vertraue dich deinem Engel an. Er gibt dir die Kraft und Gelassenheit für den ganzen Tag. Segne den Tag und vergesse nicht, am Abend zu danken.

Eines Tages hast du gelernt, deine innere Stimme zu hören und, was noch wichtiger ist, ihr auch zu glauben.

Allgemein:	*Wohlstand, Fülle*
Liebe:	*Innerer Reichtum*
Beruf:	*Materieller Erfolg, gute Geschäfte*
Problemlösung:	*Zukunftsvision erarbeiten*

Karo-Zehn

Karo-Zehn ist eindeutig eine Geldkarte, sie kündigt dir große Kräfte an, die für deinen Gebrauch bereitstehen.

In seltenen Fällen bedeutet sie auch eine Erbschaft, aber auch da bist du aufgefordert, das Geld zu verwalten und zu vermehren.

Das Geld an sich bedeutet nichts! Geld ist Energie, die ausgetauscht wird in Form von bedruckten Scheinen.

Also schaffe diese Energie aus dir, aus dem Kraftfeld deines Wollens.

Wenn deine Wege zugebaut sind, vielleicht sogar durch eine ungeliebte Tätigkeit, dann reiß die Mauern ein und schaffe dir einen Durchbruch.

Karo-Zehn fordert dich auf, dir eine reale Zukunftsvision zu machen. Lege genau fest, wie deine Arbeit aussehen soll. Welche Möglichkeiten hast du, welche Talente kannst du einbringen und wie viel Geld willst du mit dieser Arbeit verdienen?

Sei nicht bescheiden – diese Karte zeigt Fülle an, sie will dir Freude bringen, denn Wohlstand und Glücklichsein gehören zusammen!

Catherine Ponder, schreibt Folgendes in ihrem Buch „Die dynamischen Gesetze des Reichtums", das ich von ganzem Herzen empfehlen kann:

„Du bist ein unwiderstehlicher Magnet und hast die Macht, all das an dich heran zu ziehen, was du dir durch höhere Eingebung wünschst. Das geschieht in Übereinstimmung mit den Gedanken und Gefühlen und geistigen Bildern, die du in deinem Bewusstsein trägst und ausstrahlst."

Ich möchte dir zu diesem Thema noch einen guten und bewährten Rat geben: Lass dich von anderen nicht ablenken, und rede wenig oder gar nicht darüber, dann kannst du mit Geduld deine eigenen Ziele besser verfolgen.

Allgemein:	*Heilen und geheilt werden*
Liebe:	*Intuitives Verstehen, Seelenbindung*
Beruf:	*Heilbegabung*
Problemlösung:	*Innere Konzentration, in die Stille gehen*

Karo-Neun

Karo-Neun bezieht sich auf ein intuitives Verstehen.

Du weißt durch deinen inneren Lehrer, dass in deinem Leben die rechten Dinge zur rechten Zeit geschehen.

Deine Fähigkeit, anderer Menschen Leid und Not zu erkennen, machen dich zum Helfer und Heiler. Auch wenn du diese Begabung nicht beruflich ausübst, dein Lebensauftrag lautet „Hilfe geben".

Deine menschlichen Seelenbindungen bedeuten für dich zu heilen und geheilt zu werden.

Solltest du jetzt Mangel oder Probleme haben, so kannst du durch innere Konzentration dein Gleichgewicht und dein Vertrauen zu dir selbst zurückgewinnen. In die Stille gehen – das bedeutet ein großes Heilgeheimnis.

Karo-Neun bringt neue Impulse auf der inneren Ebene.

Das können Menschen sein, die deine Fähigkeiten erkennen oder sogar widerspiegeln, du findest vielleicht Einlass in eine Gemeinschaft, in der Geben und Nehmen eine Selbstverständlichkeit ist.

Solltest du in einem rein materialistischem Berufsleben stehen, wird Karo-Neun entweder für einen gesunden Ausgleich sorgen, oder deine Begabung verschafft dir eine besondere Stellung in der Arbeitswelt.

Allgemein:	*Überraschungen, Wunder*
Liebe:	*Begegnung, Erfüllung*
Beruf:	*Imagination, Ausstrahlung, Aufstieg*
Problemlösung:	*Neue Denkweise, klare Zielvorstellung*

Karo-Acht

Überraschend Erfolg verspricht diese Karte.

Wir sind es gewöhnt, für ein Ergebnis hart arbeiten zu müssen, was oft auch zum Erfolg führt. Aber genauso oft stehst du vor einem Rätsel: Du hast alles Menschenmögliche getan – und nichts geschieht.

Ohne innere Harmonie, die der Zielsetzung die Kraft verleiht, wirst du immer wieder zu deinem Ausgangspunkt zurückkehren, also die gleichen Fehler wieder und wieder machen und, von dir kaum oder gar nicht bemerkt, im Kreis gehen.

Bei Karo-Acht solltest du unbedingt weitere Karten ziehen, um dir deine Fehler bewusst zu machen. Wenn du die Fehlerquelle gefunden hast, benutze die Bildkraft deines Geistes, schaffe dir Raum für deine innere und äußere Harmonie und lasse dich von deinem Schutzengel führen. Vielleicht ist es auch nur eine Kleinigkeit mit großer Wirkung?

Bildhaftes Denken ist eine unschätzbare Hilfe für deine Imagination. Wie sollte dein Erfolg aussehen? Stelle dir das einmal als ein Bild vor, mit allen seinen Fehlern, die deinen Erfolg behindern. Sieh es dir genau an: Eine falsche Denkweise, falsche Handlungen und oft auch die falschen Menschen, dies alles behindert dein Ziel

Lasse diese Dinge dann aus deinem Bild herausfallen, lasse sie verschwinden, sich auflösen, stelle dir das ganz genau und möglichst bildhaft vor. Wie sieht dein Bild nun aus?

Sicher gibt es einige leere Flecken, das ist gut so, denn da zauberst du deine Wunschgedanken hinein.

Die Überraschung, die dir die Karo-Acht verspricht, sind die Wunder, die dir begegnen werden. Dein bildliches Vorstellen zieht diese Wunder förmlich an, deshalb solltest du dir die Mühe machen, es zu entwickeln und zu trainieren.

Dein höheres Selbst hat eine unendliche Intelligenz, die danach verlangt, in deinem Alltagsbewusstsein zu wirken.

Deine Ausstrahlung wird eine vollkommen andere werden, du lernst, von innen zu leuchten, und dieses Licht zieht die Wunder des überraschenden Erfolgs an.

Allgemein:	*Beständigkeit*
Liebe:	*Dauerhaft, bindend*
Beruf:	*Gesicherte Existenz*
Problemlösung:	*Keine spekulativen Veränderungen*

Karo-Sieben

Beständigkeit ist das Hauptmerkmal von Karo-Sieben, in beruflichen Angelegenheiten ist Dauerhaftigkeit angesagt.

Ein sicherer Arbeitsplatz oder ein eigenes Unternehmen bringen dauerhaften Erfolg. Bei allen Arten von Geschäften wirst du sicher vorankommen.

Setze deine natürliche Vorsicht und Klugheit ein; diese Karte rät ab von unsicheren Spekulationen.

Nicht nur in beruflichen Dingen zeigt Karo-Sieben Dauerhaftigkeit an, sondern auch in der Liebe fördert sie das Bleibende und Beständige.

Wenn dein Geist und Sinn mit großer Energie erfüllt sind, die dich drängt, Dinge zu verändern, so ist die Zeitqualität jetzt nicht günstig dafür.

Spare dir die Kraft auf für einen späteren Zeitpunkt, den du durch weitere Kartenbefragung ermitteln kannst. Hierbei ist es ganz wichtig, vor der Fragestellung eine Zeitgrenze zu setzen, beispielsweise: „Ist die nächste Woche (der nächste Monat, das kommende Jahr) für die geplante Veränderung günstiger?“, oder: „Soll ich mit der Veränderung bis nach Weihnachten warten?“ usw.

Karo-Sieben bedeutet für dich, dass du eine Ruhepause einlegen kannst, deine Angelegenheiten gehen ihren Weg, zu deinen Gunsten.

Allgemein:	*Verlust, Abschied, Wandlung*
Liebe:	*Irrtum, Krise, Erkenntnis*
Beruf:	*Misserfolg, falsche Wahl*
Problemlösung:	*Herausforderung annehmen, Neubesinnung, Bejahung der Heilung*

Kreuz-Ass

Kreuz-Ass bedeutet einen möglichen Verlust. Die drei großen Dinge, die unsere Lebensqualität gewährleisten, könnten in Gefahr sein: Gesundheit, Liebe und Geld.

Wenn es deine Gesundheit betrifft, solltest du umgehend ärztlichen Rat einholen, denn Kreuz-Ass ist eine ernst zu nehmende Karte. Noch einmal sei hier gesagt, die Heilkraft liegt in dir selbst, aber für Diagnose und Therapie brauchst du einen erfahrenen Helfer.

Bei dem Verlust der Liebe wirst du mit Sicherheit zu dieser Karte auch eine Herzkarte ziehen. Sie wird dir sagen, ob du erfolgreich weitergehen kannst oder loslassen sollst.

Was berufliche Möglichkeiten und Geldangelegenheiten angeht, so zeigen dir die Karokarten Wege zum Erfolg.

Generell ist allen Misserfolgen und Verlustängsten eines gemeinsam: dein negatives Denken.

So, wie du dich krank, ohne Liebe, ohne Geld denken kannst und es mit Sicherheit dann auch bist oder wirst, so kannst du deine Wünsche und Erfolge auch bejahen, und zwar schriftlich und mündlich, täglich und beharrlich!

Das klingt sehr einfach und dein Verstand will es nicht glauben, aber probiere es einfach einmal aus, dann kommst du dem Geheimnis der Bejahung auf die Spur.

Kreuz-Ass will dir keine Angst machen, die Karte ist eine Herausforderung, die dir helfen will, deinen Verlust zu verhindern.

Allgemein: *Macht, Führungskraft*
Liebe: *Vaterfigur, Autorität*
Beruf: *Verantwortungsbewusstsein, Führungsqualität*
Problemlösung: *Beharrlichkeit, Entschlossenheit, Freiheit*

Kreuz-König

Die Bedeutung dieser Karte ist vielfältig: Vom strengen Vater, der Macht ausübt, der dein Leben beherrschen will und dich zwingt, in eine bestimmte Richtung zu gehen, bis hin zum gütigen Beschützer, der dich durch Lebenskrisen führt.

Der wirkliche Vater (oder auch Vaterersatz) ist dein Orientierungsbild, das dich dein ganzes Leben begleitet, und meistens ist dir das nicht bewusst.

Ein negatives Vorbild kann dich in späteren Jahren genau zu jenem Verhalten bringen, das dir selbst in jungen Jahren so viele Schwierigkeiten gebracht hat.

Auch eine schwache oder fehlende Vaterfigur führt dich oft zu einer Bindung und Abhängigkeit mit zwanghaftem Charakter.

Zu den positiven Seiten dieser Karte gehören Mut und Führungskraft, Autorität und Verantwortungsbewusstsein.

Wenn du diese Karte gezogen hast, wird dir eine Person begegnen, die diese Eigenschaften hat, oder du wirst selbst aufgefordert, in gerechter Weise eine entsprechende Führungsposition einzunehmen.

Versuche den Faden zu deinen frühen Jahren zu finden. Auch wenn die Gefahr der missbräuchlichen Machtausübung gegeben ist, sagt dir Kreuz-König, dass du die Beharrlichkeit und Entschlossenheit besitzt, deine Träume und Wünsche Wirklichkeit werden zu lassen.

Allgemein:	*Abhängigkeit*
Liebe:	*In der Partnerschaft erwachsen werden*
Beruf:	*Verunsicherung, Bevormundung*
Problemlösung:	*Mutig auf Angst machende Situationen zugehen*

Kreuz-Dame

Kreuz-Dame ist das Symbol für Mutter – ohne Wertung.

Liz Greene, die bekannte Astrologin, sagt, dass die Mutter unsere erste Liebe ist. Lust und Liebe erfahren wir durch sie.

Wir lernen sehr früh, den Wünschen dieser Person nachzukommen, denn sie zu verlieren wäre unser seelischer und körperlicher Tod.

Unser Lebenscomputer speichert sein erstes Programm. Die Auswirkungen dieser Programmierung habe ich im Text zu Herz-Dame und Herz-König dargestellt.

Aber Kreuz-Dame und ihre Problematik beziehen sich natürlich auch auf alle anderen Lebensbereiche, sie spricht auch vom erhobenen Zeigefinger der Mutter, von der Angst vor einem Verlust, von der Qual der Entscheidung, ob eine Sache tatsächlich für mich gut ist, oder nur für die anderen.

Für alle Söhne und Töchter sind diese Worte gedacht, damit sie so früh wie möglich mit den Karten ihren eigenen Weg finden.

Diese Karte fordert dich auf, egal wie alt du bist, bewusst auf eine Kreuzung zuzugehen, deine Entscheidung zu treffen und den eingeschlagenen Weg mutig voranzugehen, bis wieder neue Wege vor dir auftauchen.

Alle von dir selbst bestimmten Wege führen zum Ziel.

Habe keine Angst, auch einmal umzukehren. Die Erfahrungen, die dir der falsche Weg gebracht hat, werden dich um so schneller in der richtigen Richtung weiterbringen.

Deine Intuition ist immer bereit, dich zu führen. Lass sie durch die von dir gezogenen Karten sprechen.

Allgemein:	*Loslösungsprozesse*
Liebe:	*Abschied oder Neuordnung*
Beruf:	*Neuorientierung*
Problemlösung:	*Klarsicht, Einsicht, kein Drogenkonsum*

Kreuz-Bube

Kreuz-Bube ist die einzige Karte, die dich auffordert, innezuhalten: Du gehst einen falschen Weg.

Deine Absichten oder die einer anderen Person bringen dir Schaden. Trenne dich von Ideen oder falsch verstandenen Gefühlen.

Eine Arbeit oder eine Beziehung oder irgendeine Angelegenheit, die du angefangen hast oder bei der du schon mittendrin steckst, bringt in dieser Form keinen Erfolg.

Die Natur duldet kein Vakuum. Sie füllt es sofort wieder aus. Schaffe eine Leere in dir, indem du loslässt, was dir Schaden bringt. Sie wird sich mit neuen positiven Gedankenbildern füllen, die nur darauf warten, Wirklichkeit zu werden.

Suche für dich neue Wege, vielleicht auch neue Menschen, denn auch auf der inneren Ebene sollte ein Lösungsprozess stattfinden.

Auch eine Warnung ist in Kreuz-Bube enthalten: Welchen Weg du auch gehst, was du auch suchst – halte dich fern von Drogen! Egal, welcher Art, sie sind eine Fremdbesetzung in deiner Seele, von der dein wahres Ich sich zurückzieht und nur noch ohnmächtig deinen Handlungen zusehen kann. Drogen geben keine Freiheit, sie sind tödlicher Nährboden für deine Illusionen.

Allgemein:	*Streit, Verdruss*
Liebe:	*Auseinandersetzung*
Beruf:	*Überforderung, Stress*
Problemlösung:	*Gelassenheit, Toleranz*

Kreuz-Zehn

Kreuz-Zehn bedeutet Streit und Verdruss, auf der inneren Ebene beginnt es meistens mit einem Gefühl der Unzufriedenheit.

Dann fehlt nur noch der richtige Partner, an dem du Dampf ablassen kannst. Steht er auch unter Druck, dann kommt es beiderseitig zur Explosion. Das Thema ist dabei unwichtig.

Worte haben Macht, und negative Worte können nicht nur verletzen – sie können auch töten.

Das haben wir alle schon einmal erlebt – nachher kennt man sich selbst nicht mehr und weiß auch gar nicht mehr, was man alles gesagt hat. Mit dieser Karte ist es möglich, dass du in so eine Situation gerätst.

Wie kannst du nun so einer schlimmen Sache vorbeugend begegnen?

Wichtig ist, dass du deinen inneren Konflikt erkennst, so ruhig wie es dir möglich bleibst, deinem Gegenüber zuhörst und erst dann deine Argumente vorbringst, wenn der Zeitpunkt richtig ist. Dann kannst du auf den Kernpunkt der Auseinandersetzung zu sprechen kommen.

Du kannst unter Umständen einen Streit auch einmal eine kurze Weile vertagen – aber nicht vergraben! –, wenn du dich einer sachlichen Auseinandersetzung in dem Moment nicht gewachsen fühlst.

Widerstreitende Gedanken können genau so zermürbend sein wie der Streit mit einer anderen Person, aber mit dir kannst du üben.

Schreibe alles, was für eine Sache spricht, auf ein Blatt Papier, nun nimm ein neues Blatt für das, was dagegen spricht. Schon beim Schreiben wird sich das meiste klären. Das ist eine erprobte Methode!

Den Rest Unschlüssigkeit übergibst du einer höheren Macht, denn die Antwort bekommst du von deinem höheren Selbst, wenn du darum bittest.

Vielleicht antwortet es dir durch einen Traum, oder es fliegt dir im wahrsten Sinne des Wortes ein Gedanke zu – so oder ähnlich hast du es bestimmt schon einmal erlebt.

In der Auseinandersetzung mit einer anderen Person wird dir diese Übung größere Gelassenheit geben, und du kannst den Streit in einer fairen Atmosphäre austragen.

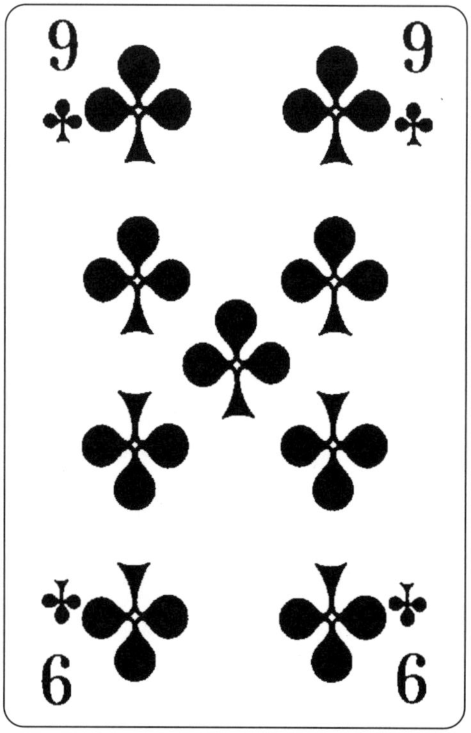

Allgemein:	*Sorgen mit Grund*
Liebe:	*Eifersucht, Selbst-täuschung, loslassen, verzeihen*
Beruf:	*Neid und Habsucht*
Problemlösung:	*Einsicht und Abschätzung deiner Möglichkeiten*

Kreuz-Neun

Kreuz-Neun bedeutet Sorgen und Eifersucht, für die es einen Grund gibt. Auch bedeutet es Neid und Habsucht.

Du hast dir etwas erarbeitet und geschaffen, und nun kommt jemand und will es dir wegnehmen.

Frage dich, sofern es materielle Dinge sind, wie sie erworben wurden? Dinge, die du mit reinem Herzen redlich erworben hast, kann man dir nicht wegnehmen, sie sind von einer höheren Macht geschützt.

Anders sieht es aus, wenn es um Menschen und Gefühle geht. Du kannst niemanden besitzen, also kannst du auch niemanden verlieren. Der andere hat dich nicht enttäuscht, sondern du selbst hast dich getäuscht.

Es tut weh, sehr weh, wenn eine schöne Illusion wie eine Seifenblase zerplatzt.

Aber auch bei dieser Karte wirst du feststellen: Es war gut so!

Es ist ein großer Unterschied zwischen Illusion und Vision: Die Illusion ist keine reale Wahrnehmung, sie ist eine Selbsttäuschung. Unsere innere Stimme warnt uns, aber wir bringen sie zum Schweigen und hören nicht auf sie. Wider besseren Wissens sehen wir nur, was wir sehen wollen, den schönen Schein, und werden somit getäuscht.

Etwas ganz anderes ist eine Vision. Hierbei sind wir im Einklang mit unserem höheren Selbst. Wenn wir uns ein Bild malen, eine Zukunftsvision herstellen, so ist das eine geistige Schau. Wir sehen die Realitäten, wir schätzen unsere Möglichkeiten ab und kommen so zu einer Offenbarung. Wenn du mit gutem Gefühl verzeihen kannst und Habsucht und Besitzgier loslassen kannst, dann bedeutet Kreuz-Neun eine Ein-Sicht, jedoch nicht Verzicht.

Allgemein:	*Heilungsblockade*
Liebe:	*Depression, Stillstand*
Beruf:	*Verhärtung, innere Leere*
Problemlösung:	*Lob ist der große Energiebefreier*

Kreuz-Acht

Diese Karte sagt dir, dass sich etwas in dir festgesetzt hat.

In deinem Körper und in deiner Seele sind Krankheitsprozesse entstanden, sie gilt es nun aufzulösen.

Auch chronische Krankheiten sind heilbar. Sie brauchen viel Geduld und einen erfahrenen Helfer und Arzt, aber bedenke: Letztlich bist nur du dein eigener Heiler! Ohne deinen Willen und deine inneren Heilungskräfte kannst du nicht genesen.

Segne und lobe deine Gesundheit, sprich nicht von deiner Krankheit. Lob ist der große Energiebefreier in Geist, Seele und Körper.

Bei der Deutung von Kreuz-Acht möchte ich noch einmal Catherine Ponder danken: In einem ihrer Bücher schreibt sie über die zwölf Geisteskräfte des Menschen, und viele ihrer Anregungen dazu haben mich und meine Klienten wahre Wunder erleben lassen.

Um noch einmal auf die innere Ebene zu gehen: Versuche die Ursache zu finden. Wann und wo, und vielleicht durch wen hast du eine Verletzung erlitten?

Sehr oft sind wir auch selbst die Verursacher. Ob wir einem anderen oder uns selbst ein Leid antun, deine Seele bekommt dadurch eine nicht heilende Wunde, die ihren Ausdruck findet in einer Schwachstelle deines Körpers.

Heile diese Wunde, indem du dir und dem anderen verzeihst!

An dieser Stelle möchte ich dir erklären, dass ich dich nicht mit erhobenem Zeigefinger belehren will. Ich kenne alle Sorgen und Nöte des Lebens, ich bin selbst eine Suchende. Mein Schutzengel hat viel Arbeit mit mir gehabt, aber mir wurde Wissen und Glauben geschenkt, sodass ich hoffe, dass wir uns jetzt die Arbeit teilen können.

Bitte um Wissen und Glauben, und du kannst geheilt werden.

Allgemein:	*Tränen, Traurigkeit*
Liebe:	*Kleiner Schmerz, Missverständnis*
Beruf:	*Engpass, Fehleinschätzung, falsche Freunde*
Problemlösung:	*Entspannung üben, Tränen fließen lassen*

Kreuz-Sieben

Kreuz-Sieben bedeutet Tränen und einen kleinen Verlust.

Tränen sind der einzige, sichtbare Ausdruck der Seele, ein Wunder, das nur der menschlichen Seele gegeben ist.

Tiere haben zwar Tränen, aber sie können nicht weinen. Damit tragen wir weit größere Verantwortung, als uns bewusst ist.

Dem Weinen geht zunächst ein Schmerz und nachfolgend eine Erschütterung voraus. Versuche, das innere Beben nicht zu stoppen, es sind Schlacken, die aus deiner Seele herausgespült werden. Danach sehen deine Augen die Dinge wieder klarer.

Wer nicht mehr weinen kann, hat sich durch eine Selbstblockade vom Lebensfluss abgetrennt. Einen Schmerz erfahren und nicht weinen können kann zu ernsthaften Schwierigkeiten für Leib und Seele führen.

Versuche dich zu erinnern, wann du zum letzten Mal geweint hast?

Wer hat es dir verboten? Vielleicht du selbst?

Suche mithilfe der Karten die Ursache zu finden und mit einer Entspannungsübung oder in der Meditation den inneren Knoten zu lösen.

Wenn deine Tränen fließen können, dann schäme dich nicht. Sie kommen aus einer heiligen Quelle und sorgen für dein Heilwerden!

An Kreuz-Sieben ist nichts Beunruhigendes. Wenn du diese Karte gezogen hast, ist zu dem Verlust auch schon die Aussicht auf Gewinn gegeben. Nicht dieses, sondern etwas Besseres steht für dich bereit.

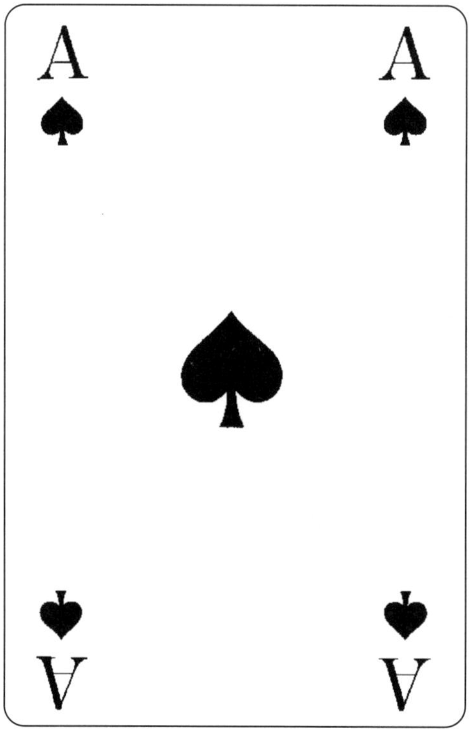

Allgemein:	*Gerechtigkeit*
Liebe:	*Achtsamkeit gegenüber Gefühlen*
Beruf:	*Auf Verträge achten*
Problemlösung:	*Hilfe durch eine höhere Instanz*

Pik-Ass

Pik-Ass bedeutet in erster Linie Gerechtigkeit für dich in allgemeinen Rechtsangelegenheiten.

Wenn zwei Parteien sich nicht einigen und eine Sache nicht entscheiden können, brauchen sie eine dritte Instanz; ob die es allerdings besser kann, mag dahingestellt bleiben.

Einer solchen Situation kann man natürlich durch Verträge und Versicherungen vorbeugen. Wir leben in einem Rechtsstaat und haben nicht nur die Pflicht, sondern auch das Recht unsere öffentlichen Angelegenheiten den gesellschaftlichen Normen zu unterstellen.

Auf der inneren Ebene wird es jedoch schwierig. Zu unterschiedlich sind oft die Dinge, die in der Waagschale liegen.

Die Gewichte und die Gewichtigkeit sind nicht genormt und sie stehen in keinem Gesetzbuch. Wir fühlen uns immer im Recht bei der Frage: Was wiegt mein Einsatz und was bringst du als Gegengewicht auf die Waage? Wie will man aber entscheiden, ob beispielsweise Gefühl mehr wiegt als Verstand?

Bei dieser Frage ist das Zünglein an der Waage die Liebe, in persönlichen Angelegenheiten sollte man die Entscheidung ihr überlassen.

Wenn du reinen Herzens bist und in eine rechtliche Angelegenheit verwickelt wurdest, dann bitte deine höchste Macht um Hilfe, und zwar mit Unterstützung durch deinen Schutzengel, den ich im Text zu Karo-Bube ausführlich beschrieben habe.

Auch wenn du schuldig sein solltest, wird dir die Hilfe zur Wiedergutmachung nicht versagt.

Pik-Ass bedeutet auch: das Recht der Anderen.

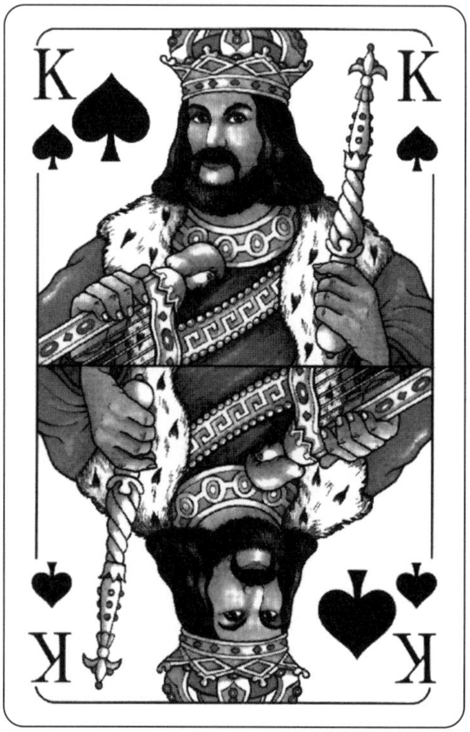

Allgemein:	*Freiheit und Bindung*
Liebe:	*Feste Partnerschaft, Ehe, Dauer*
Beruf:	*Langfristige Verträge*
Problemlösung:	*Kompromissbereitschaft*

Pik-König

Diese Karte verspricht Mut, Vertrauen und Bindungsfähigkeit.

Du, oder die Person nach der du fragst, seid bereit, eine dauerhafte Bindung einzugehen.

Dein Herz und deine Seele brauchen einen Ort und einen Menschen, dem du vertrauen kannst und in dessen Zuneigung du Geborgenheit und Heimat findest.

Pik-König zeigt an, dass du diesen Partner schon gefunden hast oder dass eine Begegnung mit ihm kurz bevorsteht.

Ein großes Erfolgsgeheimnis besteht darin, den Partner verstehen und annehmen zu lernen, so wie er ist, ohne ihn verändern zu wollen. Die Nähe und das Einssein dauern nur Minuten, vielleicht auch Stunden, sie sind wie Perlen einer Kette. Zwischen zwei Perlen sind immer Schnur und Knoten, das ist dein Eigenleben, die Wege, die du alleine gehst. Aber Schnur und Knoten sind auch immer die Verbindung zur nächsten Perle.

Bei beiden Geschlechtern hat seit einiger Zeit die Bindungswilligkeit wieder stark zugenommen. Die große Freiheit, die in den Siebzigerjahren unseres Jahrhunderts begann, hat sich zu einer inneren Freiheit gewandelt, die uns nun viele verschiedene Möglichkeiten einer festen Bindung erlaubt.

Freiheit ist auch immer die Freiheit des anderen, und Liebe bindet, aber sie fesselt nicht.

Allgemein: *Jugend, Morgentau*
Liebe: *Kraftvoll, neugierig, offen*
Beruf: *Neue Wege, frischer Wind*
Problemlösung: *Trägheit überwinden, Antwort in der Seele finden*

Pik-Dame

Pik-Dame steht für Jugend, eine junge Frau oder auch die Tochter.

Jung sein heißt kraftvoll, neugierig und offen sein. Das sind jedoch Seelenqualitäten, die ursprünglich unabhängig vom Alter sind.

Da es bereits viele alte junge Menschen gibt, will diese Karte eine Aufforderung sein, nicht in Trägheit zu versinken und dabei die sich bietenden Möglichkeiten und Perspektiven nicht mehr zu wahrzunehmen, da sonst das Leben frühzeitig eingeengt wird.

Schau einmal in den Spiegel, direkt in deine Augen, stelle deine Fragen und sei offen für die Antworten deiner Seele.

Auf der äußeren Ebene wird eine junge Frau von besonderer Bedeutung für dich sein. Das kann der Beginn einer Liebe oder einer Freundschaft sein, die neugierig und kraftvoll in ein gemeinsames Unternehmen startet.

Neue Wege und Anfänge stehen bevor, als ob Morgentau auf deine Seele fällt. Er gibt dir den Schwung, der dich auf eine neue Ebene bringt.

Lass dich überraschen! Diese Karte birgt Ereignisse, die dein Leben verwandeln können, und sie gibt dir gleichzeitig auch die unverbrauchte Kraft der Jugend dazu.

Es ist eine weibliche Kraft, die dein Fühlen und Wollen machtvoll miteinander verbindet.

Allgemein:	*Harmonie*
Liebe:	*Fürsorge, Herzenswärme*
Beruf:	*Die schönen Künste, Farben, Licht, Töne*
Problemlösung:	*Selbstlosigkeit maßvoll ausüben*

Pik-Bube

Du hast Freude daran, für andere da zu sein, zu hegen und zu pflegen, am liebsten dein eigenes Kind.

Wenn dein Wunsch stark genug ist und die nötigen Voraussetzungen sind da, wird es zum richtigen Zeitpunkt zu dir kommen. Aber auch andere Dinge wie Haus und Garten, Pflanzen und Tiere, ganz besonders ein geliebtes Haustier, sind Freude und Aufgabe für dich.

Vergiss jedoch bei all deiner Fürsorge nicht, dass auch du selbst glücklich und zufrieden sein musst, denn nur dann kannst du anderen einen Teil davon abgeben.

Wir haben alle ein Kräftekonto. Greife niemals dein Kapital an, aber mit den Zinsen kannst du wuchern.

Deinen Schönheitssinn und deinen starken Wunsch, Harmonie herzustellen, kann man schon als Kunst bezeichnen. Darum ist Pik-Bube auch den schönen Künsten zugeordnet. Farben und Töne und Licht sind für dich von großer Bedeutung. Solltest du in dieser Richtung ein Ziel haben, so ist jetzt der Zeitpunkt da, dir eine konkrete Vorstellung davon zu machen, wie du dir diese Dinge in dein Leben holen kannst. Vielleicht wird es sogar dein Beruf, der aus deiner Berufung kommt.

Pik-Bube weist auf kleine Alltagswunder hin, die für dich von großer Bedeutung sein werden.

Im weitesten Sinne hat Pik-Bube auch mit Geld zu tun, denn du bist jetzt ein Samann: Sorge für guten Boden, dann geht deine Saat auf und die Erntezeit wird bald kommen.

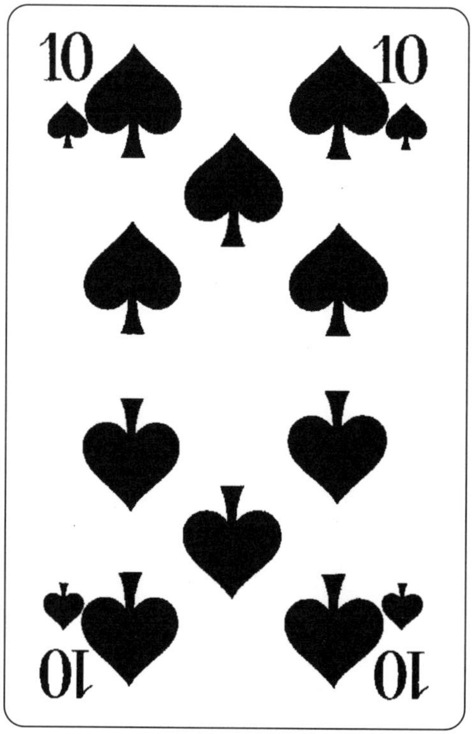

Allgemein:	*Reise, Ortsveränderung*
Liebe:	*Transformation, ein frischer Wind bringt neuen Schwung*
Beruf:	*Aufbruch, neue Ziele*
Problemlösung:	*Flexibilität, Lösung alter Probleme*

Pik-Zehn

Es wird sich vielleicht ein Ortswechsel für dich ergeben, aber sei dir bewusst: Wo du immer auch hingehst, du nimmst dich mit.

Neue fremde Örtlichkeiten, vielleicht auch eine größere Reise, bringen eine andere Färbung in dein Bewusstsein, das gibt dir neue Kraft, aber an deiner Seelenstruktur ändert sich nichts.

Vielleicht bekommst du auch Besuch aus der Ferne, es wird dann ein besonderer Besuch sein, auch wenn sich das vielleicht erst zu einem späteren Zeitpunkt offenbart.

Auf der inneren Ebene können Traumreisen oder eine Meditation deine Seelenstruktur gewaltig verändern.

Pik-Zehn gibt dir die Kraft, dich deiner nächtlichen Träume zu erinnern. Suche dir vor dem Einschlafen dein Traumziel aus, bitte deine Traumkraft, dich zu führen und deine Seelenkraft, dir deine Erinnerung zu bewahren.

Es ist nicht einfach, Traumsymbole zu entschlüsseln, aber in jedem, auch dem allerbanalsten Traum sind Farben oder Stimmungen, gute oder schlechte Gefühle, vorhanden. Manchmal begegnen dir im Traum auch Menschen aus längst vergangenen Zeiten. Achte auf das, was sie dir mitgeteilt haben und wie du dich dabei gefühlt hast.

Das alles will dir eine Antwort auf deine Fragen geben, unabhängig von dem Inhalt deines Traumes.

So wie es dir oft nach einer großen Reise ergeht oder nach einem Umzug, so empfindest du auch nach einer Traumreise. Vieles kannst du nicht mehr gebrauchen, einiges muss gereinigt werden, aber ein oder zwei Dinge sind es wert, sich ausgiebig damit zu beschäftigen. Sie können der Schlüssel zu deinem lang ersehnten Erfolg sein.

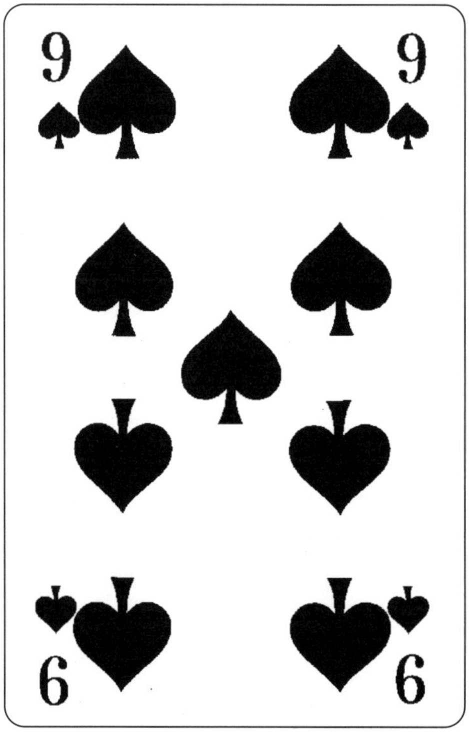

Allgemein:	*Ängste, Sorgen, vermeintliches Unglück*
Liebe:	*Misstrauen, Eifersucht, kein Selbstvertrauen*
Beruf:	*Angst vor Versagen, Unsicherheit*
Problemlösung:	*Gelassenheit, positive Vision, bejahende Wunschvorstellung*

Pik-Neun

Sich sorgen ohne Grund kann wie eine Krankheit sein, die uns lähmt, aber oft auch in große Panik versetzt.

Pik-Neun sagt bei diesem Thema Heilung an.

Wenn das Vertrauen einmal zerstört wurde, ist es schwer, wieder zu einer normalen Beurteilung einer Situation zu kommen. Gib dir und den anderen eine Chance und vertraue auf deine innere Stimme.

Die häufigste Art der Sorge ist die Angst um geliebte Menschen. Angst zieht Unglück an, Vertrauen in den göttlichen Urgrund jedoch zieht Geborgenheit und Glück an.

Mithilfe deines Schutzengels kannst du die betroffene Person in einen Mantel aus weißem Licht hüllen. Sprich dazu laut: „Ich hülle dich in weißes Licht.“

Visualisiere das Bild und, wenn du kannst, sprich mit deinem Schutzengel ein Gebet. Deine Sorgen werden vergehen und kein Unglück kann dir und dem anderen schaden.

Wenn dir das alles zu unglaubwürdig erscheint, kann ich nur immer wieder raten: Probiere es einfach aus!

Wenn du diese Karte gezogen hast, bist du schon auf dem Weg, deine Gelassenheit wiederzufinden.

Dann kannst du in Frieden und Harmonie dich wieder deinen alltäglichen Aufgaben zuwenden.

Pik-Neun heißt Sorge ohne Grund, also kannst du die Angst von deiner Seele gleiten lassen.

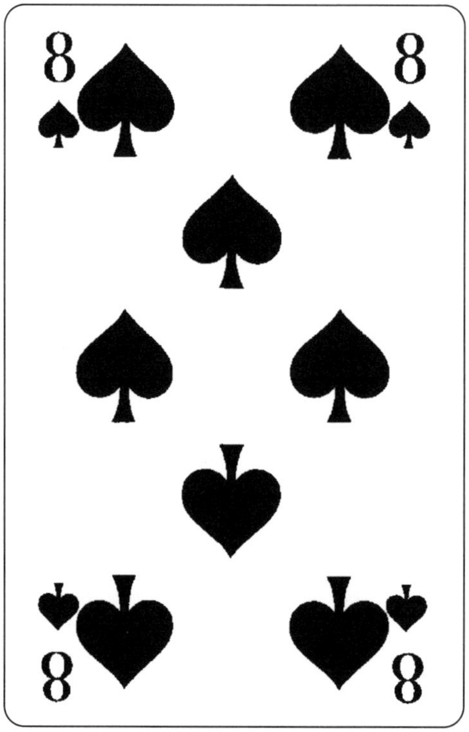

Allgemein: *Begegnung, Brief, kleine Reise, Besuch, Gespräch*

Liebe: *Wichtige Begegnung*

Beruf: *Erwartete Nachricht erhalten*

Problemlösung: *Durch innere und äußere Auseinandersetzung mit entsprechenden Themen und Personen*

Pik-Acht

Pik-Acht bedeutet zunächst einfach eine Begegnung.

Du wirst mit einer Sache oder Person in Kontakt treten. Briefe, Gespräche, oft mit einer kleinen Reise oder einem Besuch verbunden, werden auf dich zukommen.

Es könnte auch zum Beispiel ein längeres, inhaltsvolles Telefongespräch gemeint sein.

Auf der inneren Ebene führt es zu einer Begegnung mit dir selbst, mit einem deiner Wesensanteile, oft dem Neinsager und dem Angstmacher, und dann bist du aufgefordert, ihn mit guten Argumenten zu überzeugen.

Auf der inneren wie auch auf der äußeren Ebene wird dieses Sich-auseinander-Setzen stets zum Wohle aller zum Erfolg führen.

Mache dir ein Bild, eine Vision, schreibe es auf ein Blatt Papier und in dein Herz, wie diese Begegnung verlaufen soll, welche Themen, welche Wünsche und Vorstellungen du hast.

Die Eigenschaften von Pik-Acht sind Lebensfreude und Selbstbewusstsein. Mit diesen Kräften wirst du immer der Gewinner sein.

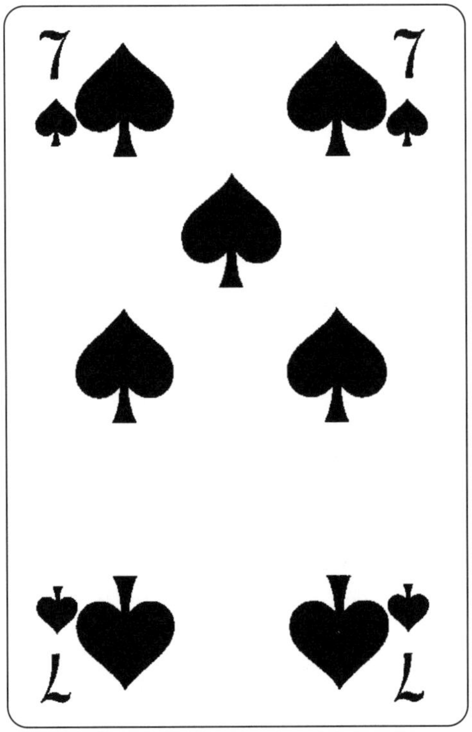

Allgemein:	*Weisheit des Herzens*
Liebe:	*Geburt, Neubeginn*
Beruf:	*Vertrauen, kreative Impulse*
Problemlösung:	*Verantwortung und Selbstbestimmung erlernen*

Pik-Sieben

Pik-Sieben bedeutet Warnung sowie Wiege.

Erst jetzt, da ich einmal wieder intensiv über die Bedeutung der Karte nachdenke, finde ich für die scheinbar unvereinbaren Gegensätze eine Deutungserklärung: Eine Warnung mahnt uns zur Vorsicht. Man kann sich jetzt nach allen Seiten hin bemühen, sich abzusichern, dicke Bücher lesen, Seminare besuchen, und natürlich ist es auch wichtig, über eine Sache oder Situation Bescheid zu wissen.

Doch die Menschen werden dich immer wieder vor diesem und jenem warnen – darum prüfe alle Worte und Warnungen, ob sie auch wirklich auf dich zutreffen, denn das wichtige Wissen empfängst du aus der Seele und nicht aus Büchern und nicht vom Reden.

Wiege bedeutet, ein neuer Mensch wird geboren. Wie wunderbar und vollkommen dieses aus dem Dunkel des Schoßes kommende Wesen ist, wir haben nichts bewusst dazu getan.

Gottes Weisheit, die in uns Menschen wirkt, hat dieses Wunder vollbracht. Der Mensch in seiner Körperlichkeit ist seine sichtbar gewordene Weisheit.

Diese Weisheit, die Leben erschafft, wirkt heute noch in deinem erwachsenen Körper und in deiner Seele.

Rufe diese Kraft an, sie wird dir deinen Weg zeigen und alle Warnungen, die nicht aus deiner Seele kommen, werden sich in nichts auflösen.

Diese Karte sagt dir, dass etwas Neues entstehen wird, entweder in deinem Körper oder in deiner Seele und in deinem Geist.

Habe Vertrauen – der Weg ist frei.

Danksagung

Dieses Buch widme ich meiner Enkeltochter Anna-Lena Koch und allen Kindern des Wassermann-Zeitalters.

Meinen innigsten Dank schulde ich Catherine Ponder. Mit ihren magischen Worten hat sie in mir Wagemut und Begeisterung geweckt („Die dynamischen Gesetze des Reichtums", Goldmann-Verlag).

Doch den letzten Anstoß für dieses Buch verdanke ich meinem Cousin Gerhard Plaumann. Er ist ein Vorbild an Kühnheit und Tatkraft und ein erfolgreicher Geschäftsmann mit Herz und Verstand. Er schenkte mir das Buch „Der alte Mann und das Geheimnis der Rose" von Mark Fisher u. Mark Allen (Schirner-Verlag).

Doch mein besonderer Dank gilt meinem Schutzengel und meinen geistigen Helfern.